TAKING
YOUR TIME
THROUGH
the Bible

JOURNAL

BARBOUR
PUBLISHING

ISBN 978-1-63609-995-8

Cover design: Greg Jackson, Thinkpen Design

Published by Barbour Publishing, Inc., 1810 Barbour Drive, Uhrichsville, Ohio 44683, www.barbourbooks.com

Our mission is to inspire the world with the life-changing message of the Bible.

 Member of the
Evangelical Christian
Publishers Association

Printed in China.

IT'S GREAT TO READ THROUGH THE BIBLE IN A YEAR— BUT IT'S EVEN BETTER TO SLOW DOWN AND SAVOR YOUR TIME IN GOD'S WORD.

This pretty journal makes a wonderful record of your time in scripture. There's no pressure or schedule, so simply relax with God and what He says!

Pages include minimal prompts, just enough to record the Bible passage or topic, the purpose of your study, and the date—beyond that, there's plenty of wide-open space for you to jot down your own observations, interpretations, and applications.

This journal partners beautifully with *Taking Your Time through the Bible: An Unhurried Guide to Understanding God's Word*—or it can stand alone. Either way, find a comfortable spot with your Bible, go slow, be intentional, and read and think and learn. Take your time and enjoy God's Word.

DATE: ....

BIBLE PASSAGE OR TOPIC: ....
....
....
....

PURPOSE OF MY STUDY: ....
....
....
....
....
....
....

Observations
....
....
....
....
....
....
....
....
....

Interpretations

Applications

DATE: ....

BIBLE PASSAGE OR TOPIC: ....
....
....
....

PURPOSE OF MY STUDY: ....
....
....
....
....
....
....

Observations
....
....
....
....
....
....
....
....
....

Interpretations

Applications

DATE: ....

BIBLE PASSAGE OR TOPIC: ....
....
....
....

PURPOSE OF MY STUDY: ....
....
....
....
....
....
....

Observations
....
....
....
....
....
....
....
....

Interpretations

Applications

DATE: ....

BIBLE PASSAGE OR TOPIC: ....
....
....
....

PURPOSE OF MY STUDY: ....
....
....
....
....
....
....

Observations
....
....
....
....
....
....
....
....
....

Interpretations

Applications

DATE: ....

BIBLE PASSAGE OR TOPIC: ....
....
....
....

PURPOSE OF MY STUDY: ....
....
....
....
....
....
....

Observations
....
....
....
....
....
....
....
....
....

Interpretations

Applications

DATE: ....

BIBLE PASSAGE OR TOPIC: ....

....

....

....

PURPOSE OF MY STUDY: ....

....

....

....

....

....

....

Observations

....

....

....

....

....

....

....

....

DATE: ....

BIBLE PASSAGE OR TOPIC: ....
....
....
....

PURPOSE OF MY STUDY: ....
....
....
....

....
....
....

Observations
....
....
....
....
....
....

....
....
....

Interpretations

Applications

DATE: ....

BIBLE PASSAGE OR TOPIC: ....

....

....

....

PURPOSE OF MY STUDY: ....

....

....

....

....

....

Observations

....

....

....

....

....

....

....

....

Interpretations

Applications

DATE: ....

BIBLE PASSAGE OR TOPIC: ....
....
....
....

PURPOSE OF MY STUDY: ....
....
....
....
....
....
....
....

Observations
....
....
....
....
....
....
....
....
....
....

Interpretations

Applications

DATE:

BIBLE PASSAGE OR TOPIC:

PURPOSE OF MY STUDY:

Observations

Interpretations

Applications

DATE: ....

BIBLE PASSAGE OR TOPIC: ....
....
....
....

PURPOSE OF MY STUDY: ....
....
....
....
....
....
....

Observations
....
....
....
....
....
....
....
....
....

Interpretations

Applications

DATE: ....

BIBLE PASSAGE OR TOPIC: ....
....
....
....

PURPOSE OF MY STUDY: ....
....
....
....
....
....
....
....
....
....
....
....
....
....
....
....

Interpretations

Applications

DATE: ....

BIBLE PASSAGE OR TOPIC: ....
....
....
....

PURPOSE OF MY STUDY: ....
....
....
....
....
....
....

Observations

....
....
....
....
....
....
....

....

....

DATE: ....

BIBLE PASSAGE OR TOPIC: ....
....
....
....

PURPOSE OF MY STUDY: ....
....
....
....

....
....
....

Observations

....
....
....
....
....
....
....

....
....

Interpretations

Applications

DATE: ....

BIBLE PASSAGE OR TOPIC: ....
....
....
....

PURPOSE OF MY STUDY: ....
....
....
....

....
....
....

Observations
....
....
....
....
....
....
....

....

....

Interpretations

Applications

DATE: ....

BIBLE PASSAGE OR TOPIC: ....
....
....
....

PURPOSE OF MY STUDY: ....
....
....
....

....
....

Observations

....
....
....
....
....
....
....
....
....

Interpretations

Applications

DATE: ....

BIBLE PASSAGE OR TOPIC: ....
....
....
....

PURPOSE OF MY STUDY: ....
....
....
....
....
....
....

Observations ....
....
....
....
....
....
....
....
....
....
....

Interpretations

Applications

DATE: ....

BIBLE PASSAGE OR TOPIC: ....
....
....
....

PURPOSE OF MY STUDY: ....
....
....
....
....
....
....

Observations
....
....
....
....
....
....
....
....
....

Interpretations

Applications

DATE: ....

BIBLE PASSAGE OR TOPIC: ....
....
....
....

PURPOSE OF MY STUDY: ....
....
....
....

....
....

Observations

....
....
....
....
....
....
....
....
....
....

Interpretations

Applications

DATE: ....

BIBLE PASSAGE OR TOPIC: ....
....
....
....

PURPOSE OF MY STUDY: ....
....
....
....

....
....
....

....
....
....
....
....
....
....

....
....

Interpretations

Applications

DATE: ....

BIBLE PASSAGE OR TOPIC: ....
....
....
....

PURPOSE OF MY STUDY: ....
....
....
....

....
....
....

Observations
....
....
....
....
....
....

....
....
....

Interpretations

Applications

DATE: ....

BIBLE PASSAGE OR TOPIC: ....
....
....
....

PURPOSE OF MY STUDY: ....
....
....
....
....
....
....
....

Observations
....
....
....
....
....
....
....
....

Interpretations

Applications

DATE: ....

BIBLE PASSAGE OR TOPIC: ....
....
....
....

PURPOSE OF MY STUDY: ....
....
....
....

....
....
....

Observations
....
....
....
....
....
....

....
....

Interpretations

Applications

DATE: ....

BIBLE PASSAGE OR TOPIC: ....
....
....
....

PURPOSE OF MY STUDY: ....
....
....
....

....
....
....

Observations
....
....
....
....
....
....
....

....
....

Interpretations

Applications

DATE: ....

BIBLE PASSAGE OR TOPIC: ....
....
....
....

PURPOSE OF MY STUDY: ....
....
....
....

....
....
....

Observations
....
....
....
....
....
....

....
....

Interpretations

Applications

DATE: ....

BIBLE PASSAGE OR TOPIC: ....
....
....
....

PURPOSE OF MY STUDY: ....
....
....
....
....
....
....

Observations
....
....
....
....
....
....
....
....
....

Interpretations

Applications

DATE: ....

BIBLE PASSAGE OR TOPIC: ....
....
....
....

PURPOSE OF MY STUDY: ....
....
....
....

....
....
....

Observations
....
....
....
....
....
....
....

....
....

Interpretations

Applications

DATE: ....

BIBLE PASSAGE OR TOPIC: ....
....
....
....

PURPOSE OF MY STUDY: ....
....
....
....
....

....

Observations

....
....
....
....
....
....

....
....

Interpretations

Applications

DATE: ....

BIBLE PASSAGE OR TOPIC: ....
....
....
....

PURPOSE OF MY STUDY: ....
....
....
....
....
....

Observations

....
....
....
....
....
....
....
....
....

Interpretations

Applications

DATE: ....

BIBLE PASSAGE OR TOPIC: ....

....

....

....

PURPOSE OF MY STUDY: ....

....

....

....

....

....

....

Observations

....

....

....

....

....

....

....

....

....

Interpretations

Applications

DATE: ....

BIBLE PASSAGE OR TOPIC: ....
....
....
....

PURPOSE OF MY STUDY: ....
....
....
....

....
....
....

Observations
....
....
....
....
....
....

....
....

Interpretations

Applications

DATE: ....

BIBLE PASSAGE OR TOPIC: ....
....
....
....

PURPOSE OF MY STUDY: ....
....
....
....

....
....
....

Observations

....
....
....
....
....
....

....

....

Interpretations

Applications

DATE: ....

BIBLE PASSAGE OR TOPIC: ....
....
....
....

PURPOSE OF MY STUDY: ....
....
....
....

....
....

Observations

....
....
....
....
....
....
....
....

Interpretations

Applications

DATE: ....

BIBLE PASSAGE OR TOPIC: ....
....
....
....

PURPOSE OF MY STUDY: ....
....
....
....

....
....
....

....
....
....
....
....

....

....

Interpretations

Applications

DATE: ....

BIBLE PASSAGE OR TOPIC: ....
....
....
....

PURPOSE OF MY STUDY: ....
....
....
....
....
....
....
....

Observations ....
....
....
....
....
....
....

....
....

Interpretations

Applications

DATE: ....

BIBLE PASSAGE OR TOPIC: ....
....
....
....

PURPOSE OF MY STUDY: ....
....
....
....

....
....
....
....
....
....
....
....
....
....
            ....
....

Interpretations

Applications

DATE:

BIBLE PASSAGE OR TOPIC:

PURPOSE OF MY STUDY:

Observations

Interpretations

Applications

DATE: ....

BIBLE PASSAGE OR TOPIC: ....
....
....
....

PURPOSE OF MY STUDY: ....
....
....
....
....
....
....
....
....
....
....
....
....
....
....
....

Interpretations

Applications

DATE: ....

BIBLE PASSAGE OR TOPIC: ....

....

....

....

PURPOSE OF MY STUDY: ....

....

....

....

....

....

Observations

....

....

....

....

....

....

....

....

....

Interpretations

Applications

DATE: ....

BIBLE PASSAGE OR TOPIC: ....
....
....
....

PURPOSE OF MY STUDY: ....
....
....
....

....
....

Observations

....
....
....
....
....
....
....
....
....

Interpretations

Applications

DATE:

BIBLE PASSAGE OR TOPIC:

PURPOSE OF MY STUDY:

Observations

Interpretations

Applications

DATE: ....

BIBLE PASSAGE OR TOPIC: ....
....
....
....

PURPOSE OF MY STUDY: ....
....
....
....

....
....
....

Observations
....
....
....
....
....
....

....
....
....

Interpretations

Applications

DATE: ....

BIBLE PASSAGE OR TOPIC: ....
....
....
....

PURPOSE OF MY STUDY: ....
....
....
....
....
....
....

Observations
....
....
....
....
....
....
....
....
....
....

Interpretations

Applications

DATE: ....

BIBLE PASSAGE OR TOPIC: ....

....

....

....

PURPOSE OF MY STUDY: ....

....

....

....

....

....

Observations ....

....

....

....

....

....

....

....

Interpretations

Applications

DATE: ....

BIBLE PASSAGE OR TOPIC: ....
....
....
....

PURPOSE OF MY STUDY: ....
....
....
....
....
....
....

Observations

....
....
....
....
....
....
....
....

Interpretations

Applications

DATE: ....

BIBLE PASSAGE OR TOPIC: ....
....
....
....

PURPOSE OF MY STUDY: ....
....
....
....

....
....
....

Observations
....
....
....
....
....
....

....
....
....

Interpretations

Applications

DATE: ....

BIBLE PASSAGE OR TOPIC: ....
....
....
....

PURPOSE OF MY STUDY: ....
....
....
....

....
....
....

Observations

....
....
....
....
....
....
....

....

Interpretations

Applications

DATE: ....

BIBLE PASSAGE OR TOPIC: ....
....
....
....

PURPOSE OF MY STUDY: ....
....
....
....

....
....
....

Observations

....
....
....
....
....
....
....
....
....

Interpretations

Applications

DATE: ....

BIBLE PASSAGE OR TOPIC: ....
....
....
....

PURPOSE OF MY STUDY: ....
....
....
....

....
....
....

Observations ....
....
....
....
....
....
....
....

....
....

Interpretations

Applications

DATE: ....

BIBLE PASSAGE OR TOPIC: ....
....
....
....

PURPOSE OF MY STUDY: ....
....
....
....
....
....
....

Observations
....
....
....
....
....
....
....
....
....
....

Interpretations

Applications

DATE: ....

BIBLE PASSAGE OR TOPIC: ....

....

....

....

PURPOSE OF MY STUDY: ....

....

....

....

....

....

....

Observations

....

....

....

....

....

....

....

....

....

Interpretations

Applications

DATE: ....

BIBLE PASSAGE OR TOPIC: ....
....
....
....

PURPOSE OF MY STUDY: ....
....
....
....
....
....

Observations
....
....
....
....
....
....
....
....

Interpretations

Applications

DATE: ....

BIBLE PASSAGE OR TOPIC: ....
....
....
....

PURPOSE OF MY STUDY: ....
....
....
....

....
....
....

Observations
....
....
....
....
....
....

....
....
....

Interpretations

Applications

DATE: ....

BIBLE PASSAGE OR TOPIC: ....
....
....
....

PURPOSE OF MY STUDY: ....
....
....
....
....
....
....

Observations
....
....
....
....
....
....
....
....
....

Interpretations

Applications

DATE: ....

BIBLE PASSAGE OR TOPIC: ....
....
....
....

PURPOSE OF MY STUDY: ....
....
....
....

....
....
....

Observations

....
....
....
....
....
....
....
....

....
....

Interpretations

Applications

DATE: ....

BIBLE PASSAGE OR TOPIC: ....
....
....
....

PURPOSE OF MY STUDY: ....
....
....
....

....
....
....

Observations
....
....
....
....
....
....
....

....
....
....

Interpretations

Applications

DATE: ....

BIBLE PASSAGE OR TOPIC: ....
....
....
....

PURPOSE OF MY STUDY: ....
....
....
....

....
....
....

Observations
....
....
....
....
....
....
....

....

Interpretations

Applications

DATE: ....

BIBLE PASSAGE OR TOPIC: ....
....
....
....

PURPOSE OF MY STUDY: ....
....
....
....

....
....
....
....

Observations

....
....
....
....
....
....
....
....
....

....
....

DATE: ....

BIBLE PASSAGE OR TOPIC: ....
....
....
....

PURPOSE OF MY STUDY: ....
....
....
....

....
....
....

Observations

....
....
....
....
....
....
....
....

Interpretations

Applications

DATE: ....

BIBLE PASSAGE OR TOPIC: ....
....
....
....

PURPOSE OF MY STUDY: ....
....
....
....
....
....
....

Observations
....
....
....
....
....
....
....
....
....

Interpretations

Applications

DATE: ....

BIBLE PASSAGE OR TOPIC: ....
....
....
....

PURPOSE OF MY STUDY: ....
....
....
....

....
....

Observations
....
....
....
....
....
....
....

....
....

Interpretations

Applications

DATE: ....

BIBLE PASSAGE OR TOPIC: ....

....

....

....

PURPOSE OF MY STUDY: ....

....

....

....

....

....

....

Observations

....

....

....

....

....

....

....

....

Interpretations

Applications

DATE: ....

BIBLE PASSAGE OR TOPIC: ....
....
....
....

PURPOSE OF MY STUDY: ....
....
....
....

....
....
....

Observations

....
....
....
....
....
....

....
....

Interpretations

Applications

DATE: ....

BIBLE PASSAGE OR TOPIC: ....
....
....
....

PURPOSE OF MY STUDY: ....
....
....
....

....
....
....

Observations
....
....
....
....
....
....
....

....
....
....

Interpretations

Applications

DATE: ....

BIBLE PASSAGE OR TOPIC: ....
....
....
....

PURPOSE OF MY STUDY: ....
....
....
....

....
....

Observations

....
....
....
....
....
....
....

....
....

Interpretations

Applications

DATE: ....

BIBLE PASSAGE OR TOPIC: ....
....
....
....

PURPOSE OF MY STUDY: ....
....
....
....

....
....
....

Observations

....
....
....
....
....
....
....
....

Interpretations

Applications

DATE: ....

BIBLE PASSAGE OR TOPIC: ....
....
....
....

PURPOSE OF MY STUDY: ....
....
....
....

....
....

Observations
....
....
....
....
....
....

....
....

Interpretations

Applications

DATE: ....

BIBLE PASSAGE OR TOPIC: ....
....
....
....

PURPOSE OF MY STUDY: ....
....
....
....

....
....
....

Observations

....
....
....
....
....
....

....
....
....

Interpretations

Applications

DATE: ....

BIBLE PASSAGE OR TOPIC: ....
....
....
....

PURPOSE OF MY STUDY: ....
....
....
....

....
....
....

Observations

....
....
....
....
....

....
....

Interpretations

Applications

DATE: ....

BIBLE PASSAGE OR TOPIC: ....
....
....
....

PURPOSE OF MY STUDY: ....
....
....
....
....
....
....
....

Observations
....
....
....
....
....
....
....
....
....
....

Interpretations

Applications

DATE: ....

BIBLE PASSAGE OR TOPIC: ....
....
....
....

PURPOSE OF MY STUDY: ....
....
....
....

....
....
....

Observations ....

....
....
....
....
....
....

....

....

....

....

....

....

Interpretations

....

....

....

....

....

....

....

....

Applications

....

....

....

....

....

DATE: ....

BIBLE PASSAGE OR TOPIC: ....
....
....
....

PURPOSE OF MY STUDY: ....
....
....
....

....
....
....

Observations

....
....
....
....
....
....

....
....

Interpretations

Applications

DATE: ....

BIBLE PASSAGE OR TOPIC: ....
....
....
....

PURPOSE OF MY STUDY: ....
....
....
....
....
....
....

Observations
....
....
....
....
....
....
....
....

Interpretations

Applications

DATE: ....

BIBLE PASSAGE OR TOPIC: ....

....

....

....

PURPOSE OF MY STUDY: ....

....

....

....

....

....

....

....

....

....

....

....

....

....

Interpretations

Applications

DATE: ....

BIBLE PASSAGE OR TOPIC: ....
....
....
....

PURPOSE OF MY STUDY: ....
....
....
....

....
....
....

Observations

....
....
....
....
....
....

....
....
....

Interpretations

Applications

DATE: ....

BIBLE PASSAGE OR TOPIC: ....
....
....
....

PURPOSE OF MY STUDY: ....
....
....
....

....
....
....

Observations

....
....
....
....
....
....
....
....
....

Interpretations

Applications

DATE: ....

BIBLE PASSAGE OR TOPIC: ....
....
....
....

PURPOSE OF MY STUDY: ....
....
....
....

....
....
....

Observations
....
....
....
....
....
....
....

....
....
....

Interpretations

Applications

DATE: ....

BIBLE PASSAGE OR TOPIC: ....
....
....
....

PURPOSE OF MY STUDY: ....
....
....
....

....
....
....

Observations
....
....
....
....
....
....
....

....

Interpretations

Applications

DATE: ....

BIBLE PASSAGE OR TOPIC: ....
....
....
....

PURPOSE OF MY STUDY: ....
....
....
....

....
....
....

Observations ....
....
....
....
....
....
....

....
....

Interpretations

Applications

DATE: ....

BIBLE PASSAGE OR TOPIC: ....
....
....
....

PURPOSE OF MY STUDY: ....
....
....
....

....
....
....

....
....
....
....
....
....

....
....
....

Interpretations

Applications

DATE: ....

BIBLE PASSAGE OR TOPIC: ....
....
....
....

PURPOSE OF MY STUDY: ....
....
....
....

....
....
....

Observations ....
....
....
....
....
....
....
....

....

Interpretations

Applications

DATE: ....

BIBLE PASSAGE OR TOPIC: ....
....
....
....

PURPOSE OF MY STUDY: ....
....
....
....

....
....
....
....

....
....
....
....
....
....
....

....
....

Interpretations

Applications

DATE: ....

BIBLE PASSAGE OR TOPIC: ....
....
....
....

PURPOSE OF MY STUDY: ....
....
....
....
....
....

Observations
....
....
....
....
....
....
....
....

Interpretations

Applications

DATE: ....

BIBLE PASSAGE OR TOPIC: ....
....
....
....

PURPOSE OF MY STUDY: ....
....
....
....

....
....
....
....
....
....
....
....
....
....
....
....

DATE: ....

BIBLE PASSAGE OR TOPIC: ....
....
....
....

PURPOSE OF MY STUDY: ....
....
....
....

....
....

Observations

....
....
....
....
....
....

....

....

Interpretations

Applications

DATE: ....

BIBLE PASSAGE OR TOPIC: ....
....
....
....

PURPOSE OF MY STUDY: ....
....
....
....
....
....
....
....
....
....
....
....
....
....
....
....
....

Interpretations

Applications

DATE: ....

BIBLE PASSAGE OR TOPIC: ....
....
....
....

PURPOSE OF MY STUDY: ....
....
....
....
....
....
....

Observations

....
....
....
....
....
....
....
....
....

Interpretations

Applications

DATE: ....

BIBLE PASSAGE OR TOPIC: ....
....
....
....

PURPOSE OF MY STUDY: ....
....
....
....

....
....
....

Observations
....
....
....
....
....
....
....
....
....

Interpretations

Applications

DATE: ....

BIBLE PASSAGE OR TOPIC: ....
....
....
....

PURPOSE OF MY STUDY: ....
....
....
....

....
....
....

Observations
....
....
....
....
....
....
....

....
....

Interpretations

Applications

DATE: ....

BIBLE PASSAGE OR TOPIC: ....
....
....
....

PURPOSE OF MY STUDY: ....
....
....
....
....
....
....

Observations
....
....
....
....
....
....
....
....

Interpretations

Applications

DATE: ....

BIBLE PASSAGE OR TOPIC: ....
....
....
....

PURPOSE OF MY STUDY: ....
....
....
....
....
....
....
....

Observations

....
....
....
....
....
....
....
....
....

DATE: ....

BIBLE PASSAGE OR TOPIC: ....
....
....
....

PURPOSE OF MY STUDY: ....
....
....
....

....
....
....

Observations

....
....
....
....
....
....
....
....
....

Interpretations

Applications

DATE: ....

BIBLE PASSAGE OR TOPIC: ....
....
....
....

PURPOSE OF MY STUDY: ....
....
....
....

....
....

Observations
....
....
....
....
....
....
....

....
....

Interpretations

Applications

DATE: ....

BIBLE PASSAGE OR TOPIC: ....
....
....
....

PURPOSE OF MY STUDY: ....
....
....
....

....
....

Observations
....
....
....
....
....
....

....
....

Interpretations

Applications

A PERFECT COMPANION TO THIS JOURNAL

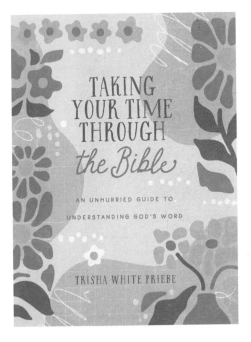

It's great to read through the Bible in a year—but it's even better to slow down and savor your time in God's Word. This unique reference encourages women who feel rushed by life. It provides the tools and encouragement you need to simply relax with God and what He says.

Flexible Casebound / ISBN 979-8-89151-010-4